Impressum
Verlag: BABADADA GmbH, Nedderfeld 112 , 22529 Hamburg
Geschäftsführer / Verlagsleitung: Harald Hof
Druck: Books on Demand GmbH, In de Tarpen 42, 22848 Norderstedt

Imprint
Publisher: BABADADA GmbH, Nedderfeld 112 , 22529 Hamburg, Germany
Managing Director / Publishing direction: Harald Hof
Print: Books on Demand GmbH, In de Tarpen 42, 22848 Norderstedt

# Szkoła
# school

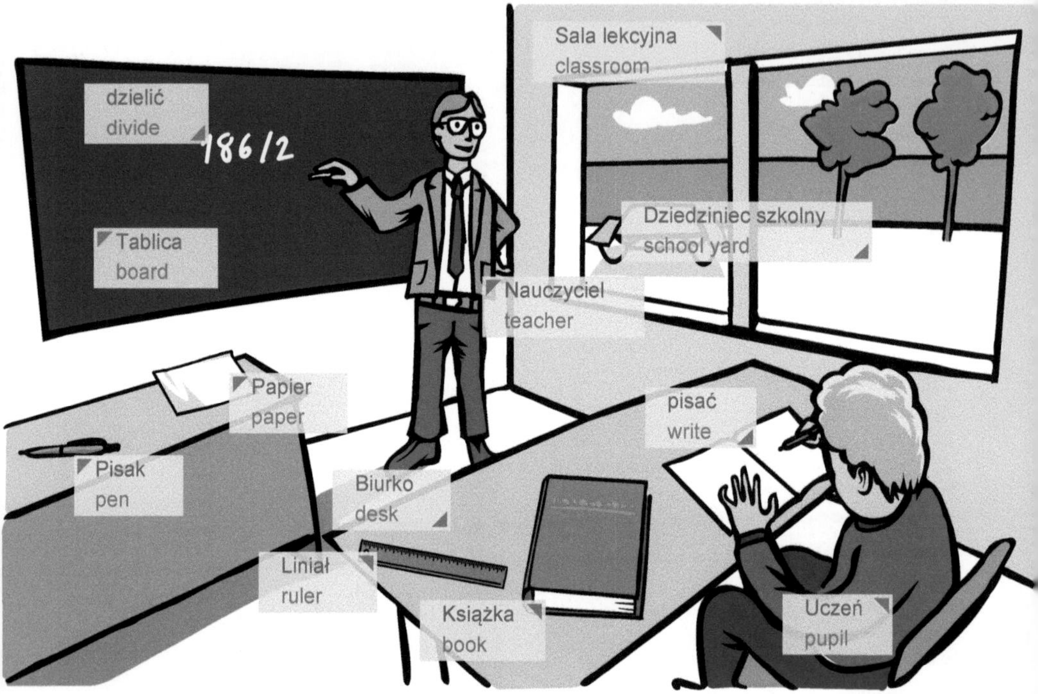

dzielić
divide
186/2
Tablica
board
Sala lekcyjna
classroom
Dziedziniec szkolny
school yard
Nauczyciel
teacher
Papier
paper
pisać
write
Pisak
pen
Biurko
desk
Liniał
ruler
Książka
book
Uczeń
pupil


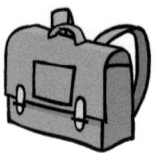

Plecak szkolny
satchel

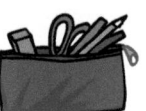

Piórnik
pencil case

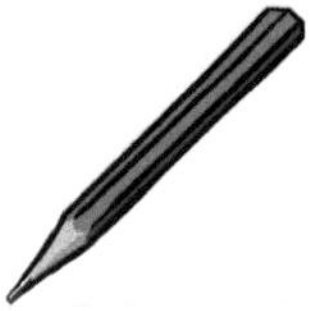

Ołówek
pencil

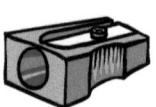

Temperówka
pencil sharpener

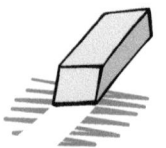

Gumka do mazania
rubber

Blok rysunkowy
drawing pad

Rysunek

drawing

Pędzel

paintbrush

Pudełko z akwarelami

paint box

Nożyce

scissors

Klej

glue

Książka do ćwiczenia

exercise book

Zadanie domowe

homework

**12**

Liczba

number

**2+2**

dodawać

add

**5-2**

odejmować

subtract

**2×2**

mnożyć

multiply

liczyć

calculate

Litera

letter

**ABCDEFG
HIJKLMN
OPQRSTU
VWXYZ**

Alfabet

alphabet

Słowo

word

Tekst

text

czytać

read

Kreda

chalk

Godzina

lesson

Dziennik lekcyjny

register

Egzamin

exam

Świadectwo

certificate

Mundurek szkolny

school uniform

Wykształcenie

education

Leksykon

encyclopedia

Uniwersytet

university

Mikroskop

microscope

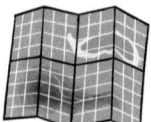

Mapa

map

Kosz na odpadki

waste-paper basket

# Podróż
# travel

Hotel
hotel
Grand
Schronisko
hostel
ROOMS
Kantor wymiany walut
bureau de change
CHANGE
Walizka
suitcase
Auto
car

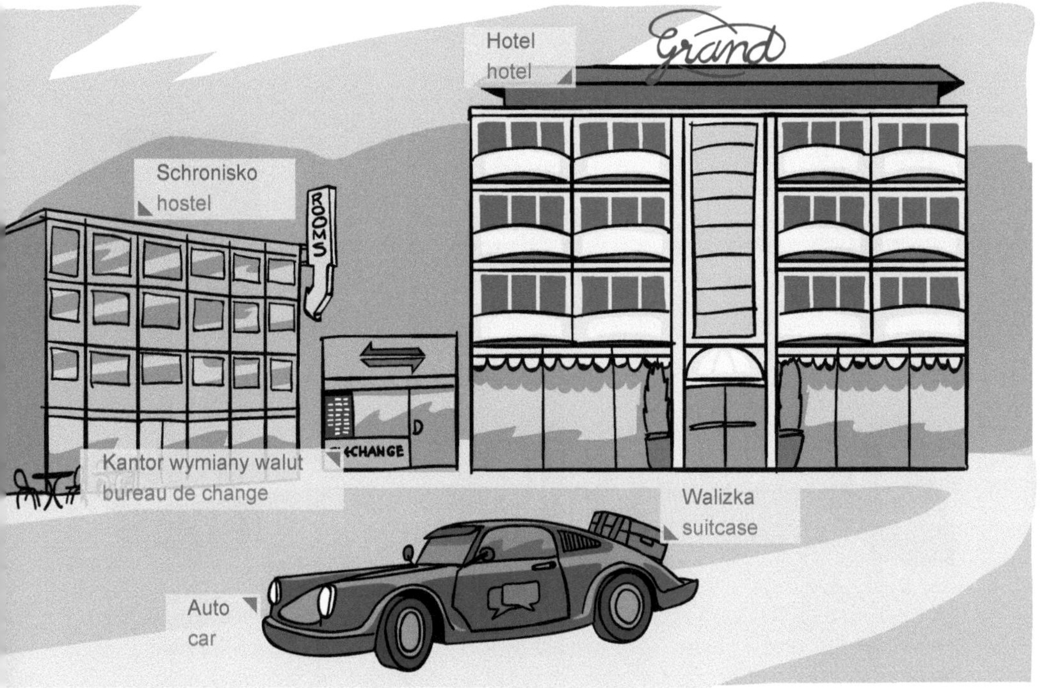

Język

language

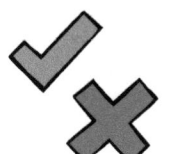

tak / nie

yes / no

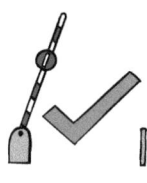

OK

Okay

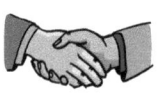

Halo

hello

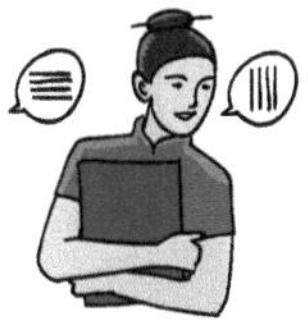

Tłumacz

translator

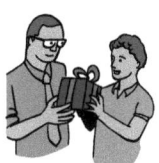

Dziękuję

Thank you

**Ile kosztuje ...?**

how much is...?

**Nie rozumiem**

I do not understand

**Problem**

problem

**Dobry wieczór!**

Good evening!

**Dzień dobry!**

Good morning!

**Dobranoc!**

Good night!

**Do widzenia**

bye bye

**Kierunek**

direction

**Bagaż**

luggage

**Torba**

bag

**Plecak**

backpack

**Gość**

guest

**Pokój**

room

**Śpiwór**

sleeping bag

**Namiot**

tent

Informacja turystyczna

tourist information

Plaża

beach

Karta kredytowa

credit card

Śniadanie

breakfast

Obiad

lunch

Kolacja

dinner

Bilet

ticket

Winda

lift

Znaczek na list

stamp

Granica

border

Cło

customs

Ambasada

embassy

Wiza

visa

Paszport

passport

# Transport
# transport

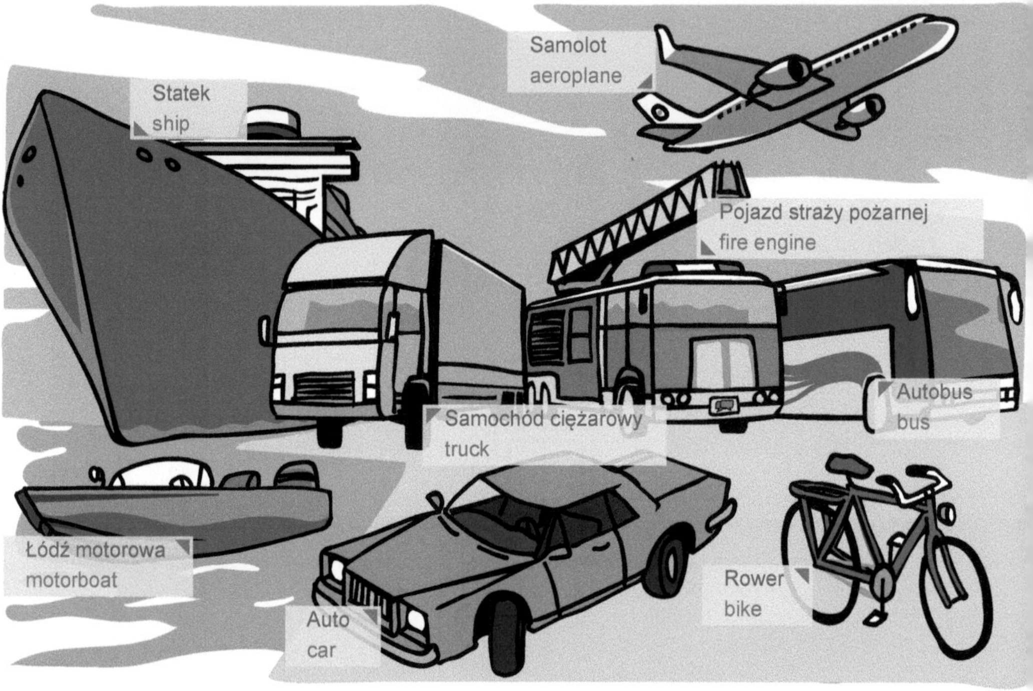
Samolot
aeroplane
Statek
ship
Pojazd straży pożarnej
fire engine
Autobus
bus
Samochód ciężarowy
truck
Łódź motorowa
motorboat
Rower
bike
Auto
car

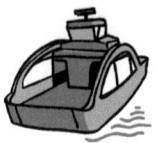

Prom

ferry

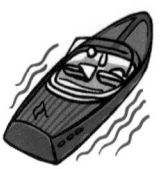

Łódź

boat

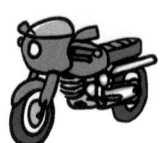

Motocykl

motorbike

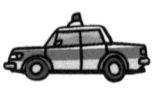

Radiowóz policyjny

police car

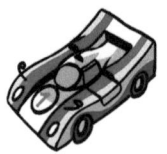

Samochód wyścigowy

racing car

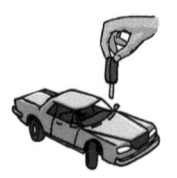

Samochód wypożyczony

rental car

Wspólne przejazdy
samochodem
............
car sharing

Samochód pomocy
drogowej
............
breakdown truck

Śmieciarka
............
refuse truck

Silnik
............
motor

Benzyna
............
fuel

Stacja benzynowa
............
petrol station

Znak drogowy
............
traffic sign

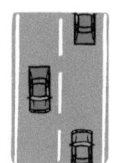

Ruch
............
traffic

Korek
............
traffic jam

Parking
............
car park

Dworzec
............
train station

Szyny
............
tracks

Pociąg
............
train

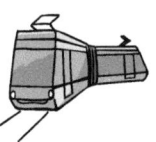

Tramwaj
............
tram

Wagon
............
carriage

Helikopter

helicopter

Lotnisko

airport

Wieża

tower

Pasażer

passenger

Kontener

container

Karton

carton

Taczka

cart

Kosz

basket

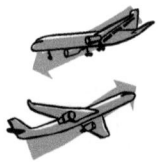

startować / lądować

take off / land

# Miasto
## city

Wieś

village

Centrum miasta

city centre

Dom

house

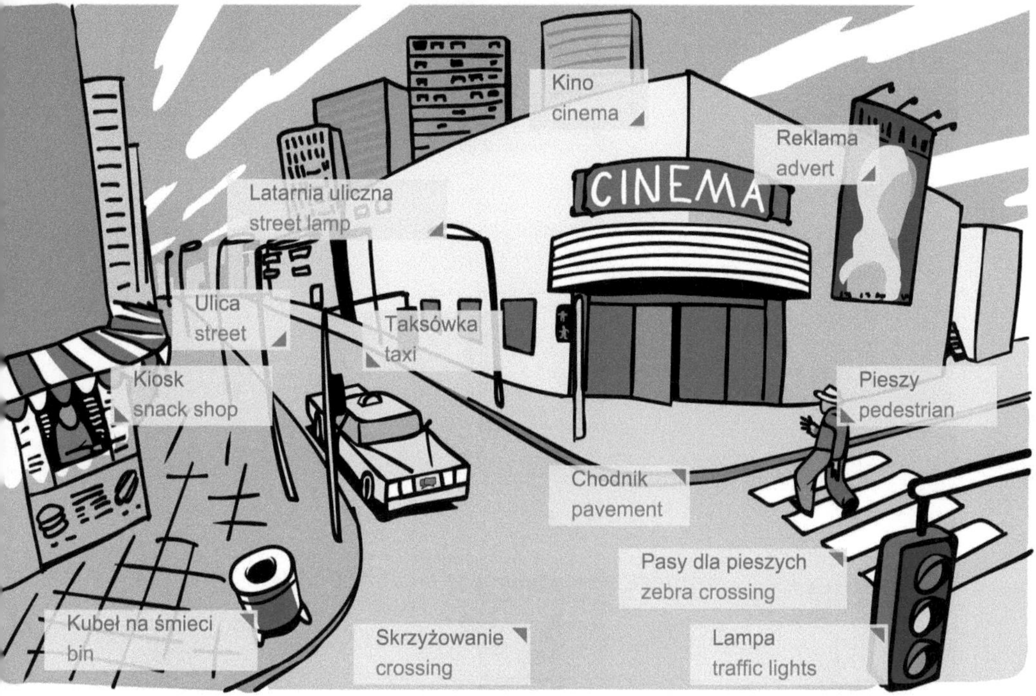

Kino
cinema

Reklama
advert

Latarnia uliczna
street lamp

**CINEMA**

Ulica
street

Taksówka
taxi

Kiosk
snack shop

Pieszy
pedestrian

Chodnik
pavement

Pasy dla pieszych
zebra crossing

Kubeł na śmieci
bin

Skrzyżowanie
crossing

Lampa
traffic lights

Chata
hut

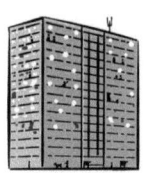

Mieszkanie
flat

Dworzec
train station

Ratusz
town hall

Muzeum
museum

Szkoła
school

**Uniwersytet**

university

**Bank**

bank

**Szpital**

hospital

**Hotel**

hotel

**Apteka**

pharmacy

**Biuro**

office

**Księgarnia**

book shop

**Sklep**

shop

**Kwiaciarnia**

florist's

**Supermarket**

supermarket

**Rynek**

market

**Dom towarowy**

department store

**Sklep z rybami**

fishmonger's

**Centrum handlowe**

shopping centre

**Port**

harbour

Park

park

Ławka

bench

Most

bridge

Schody

stairs

Metro

underground

Tunel

tunnel

Przystanek autobusowy

bus stop

Bar

bar

Restauracja

restaurant

Skrzynka na listy

postbox

Tabliczka z nazwą ulicy

street sign

Parkometr

parking meter

Zoo

zoo

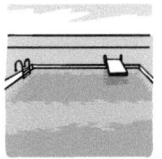

Łaźnia

swimming pool

Meczet

mosque

**Gospodarstwo chłopskie**

farm

**Zanieczyszczenie środowiska**

pollution

**Cmentarz**

graveyard

**Kościół**

church

**Plac zabaw**

playground

**Świątynia**

temple

# Krajobraz

# landscape

Liść
leaf

Drogowskaz
signpost

Droga
way

Łąka
meadow

Kamień
stone

Drzewo
tree

Wędrowiec
hiker

Rzeka
river

Trawa
grass

Kwiat
flower

**Dolina**

valley

**Góra**

hill

**Jezioro**

lake

**Las**

forest

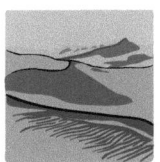

**Pustynia**

desert

**Wulkan**

volcano

**Zamek**

castle

**Tęcza**

rainbow

**Grzyb**

mushroom

**Palma**

palm tree

**Komar**

mosquito

**Mucha**

fly

**Mrówka**

ant

**Pszczoła**

bee

**Pająk**

spider

**Chrząszcz**

beetle

**Żaba**

frog

**Wiewiórka**

squirrel

**Jeż**

hedgehog

**Zając**

hare

**Sowa**

owl

**Ptak**

bird

**Łabędź**

swan

**Dzik**

boar

**Jeleń**

deer

**Łoś**

moose

**Tama**

dam

**Wiatrak**

wind turbine

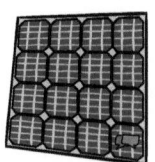

**Moduł solarny**

solar panel

**Klimat**

climate

# Restauracja
## restaurant

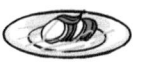

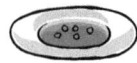

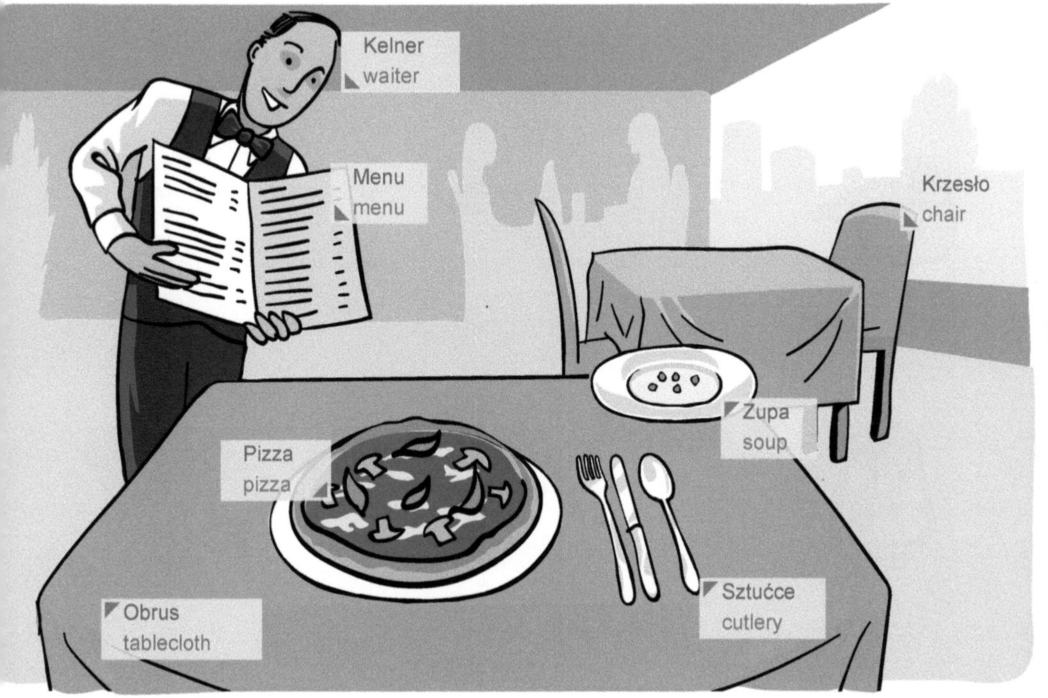

Kelner
waiter
Menu
menu
Krzesło
chair
Zupa
soup
Pizza
pizza
Sztućce
cutlery
Obrus
tablecloth


Przystawka

starter

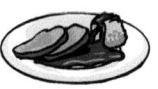

Danie główne

main course

Deser

dessert

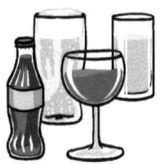

Napoje

drinks

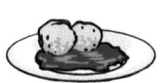

Jedzenie

food

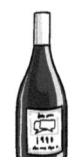

Butelka

bottle

**Fastfood**

fast food

**Streetfood**

street food

**Dzbanek na herbatę**

teapot

**Cukierniczka**

sugar bowl

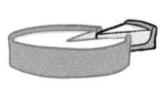

**Porcja**

portion

**Zaparzarka do espresso**

espresso machine

**Krzesło dla dziecka**

high chair

**Rachunek**

bill

**Taca**

tray

**Noż**

knife

**Widelec**

fork

**Łyżka**

spoon

**Łyżeczka**

teaspoon

**Serwetka**

serviette

**Szklanka**

glass

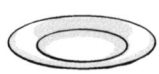

**Talerz**

plate

**Talerz do zupy**

soup plate

**Podstawek pod filiżankę**

saucer

**Sos**

sauce

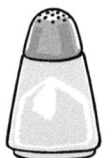

**Solniczka**

salt pot

**Młynek do pieprzu**

pepper mill

**Ocet**

vinegar

**Olej**

oil

**Przyprawy**

spices

**Keczup**

ketchup

**Musztarda**

mustard

**Majonez**

mayonnaise

# Supermarket
## supermarket

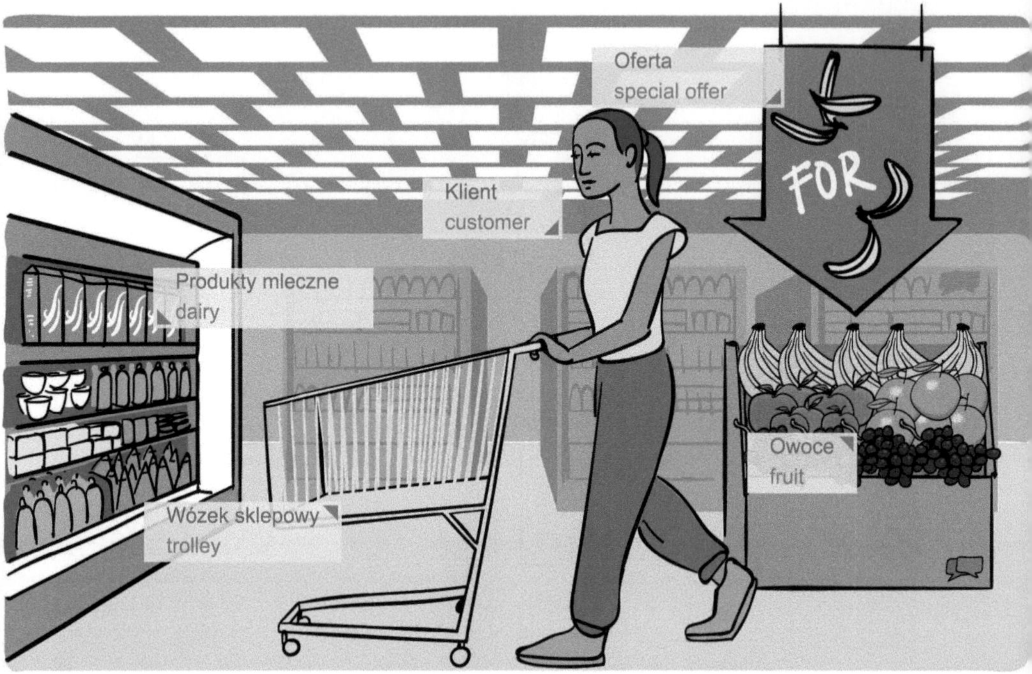

Oferta
special offer
FOR
Klient
customer
Produkty mleczne
dairy
Owoce
fruit
Wózek sklepowy
trolley


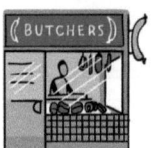

BUTCHERS


Rzeźnia

butcher´s

BAKERY


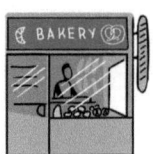

Piekarnia

baker´s

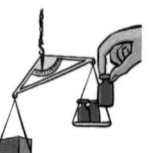

ważyć

weigh

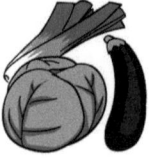

Warzywa

vegetables

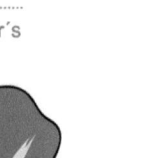

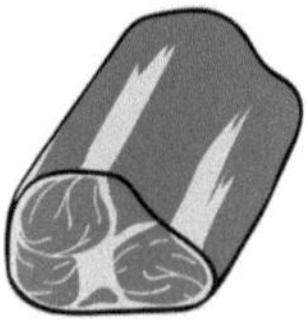

Mięso

meat

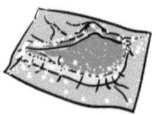

Mrożonki

frozen food

Wędliny

cold meat

Konserwy

tinned food

Proszek m do prania

washing powder

Słodycze

sweets

Artykuły użytku domowego

household products

Środek czyszczący

cleaning products

Sprzedawczyni

salesperson

Kasa

till

Kasjer

cashier

Lista zakupów

shopping list

Godziny otwarcia

opening hours

Portfel

wallet

Karta kredytowa

credit card

Torba

bag

Torebka plastikowa

plastic bag

**Woda**

water

**Sok**

juice

**Mleko**

milk

**Cola**

coke

**Wino**

wine

**Piwo**

beer

**Alkohol**

alcohol

**Kakao**

cocoa

**Herbata**

tea

**Kawa**

coffee

**Espresso**

espresso

**Cappuccino**

cappuccino

**Banan**

banana

**Jabłko**

apple

**Pomarańcza**

orange

**Arbuz**

melon

**Cytryna**

lemon

**Marchew**

carrot

**Czosnek**

garlic

**Bambus**

bamboo

**Cebula**

onion

**Grzyb**

mushroom

**Orzechy**

nuts

**Makaron**

noodles

**Spaghetti**

spaghetti

**Ryż**

rice

**Sałatka**

salad

**Frytki**

chips

**Ziemniaki pieczone**

fried potatoes

**Pizza**

pizza

**Hamburger**

hamburger

**Kanapka**

sandwich

**Sznycel**

cutlet

**Szynka**

ham

**Salami**

salami

**Kiełbasa**

sausage

**Kura**

chicken

**Pieczeń**

roast

**Ryba**

fish

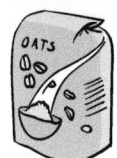

Płatki owsiane

porridge oats

Musli

muesli

Płatki kukurydziane

cornflakes

Mąka

flour

Croissant

croissant

Bułka

bread roll

Chleb

bread

Toast

toast

Ciastka

biscuits

Masło

butter

Twarożek

curd

Ciasto

cake

Jajko

egg

Jajko sadzone

fried egg

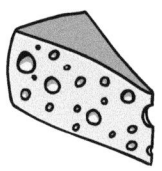

Ser

cheese

Lody

ice cream

Cukier

sugar

Miód

honey

Marmolada

jam

Krem nugatowy

chocolate spread

Curry

curry

# Gospodarstwo chłopskie
## farm

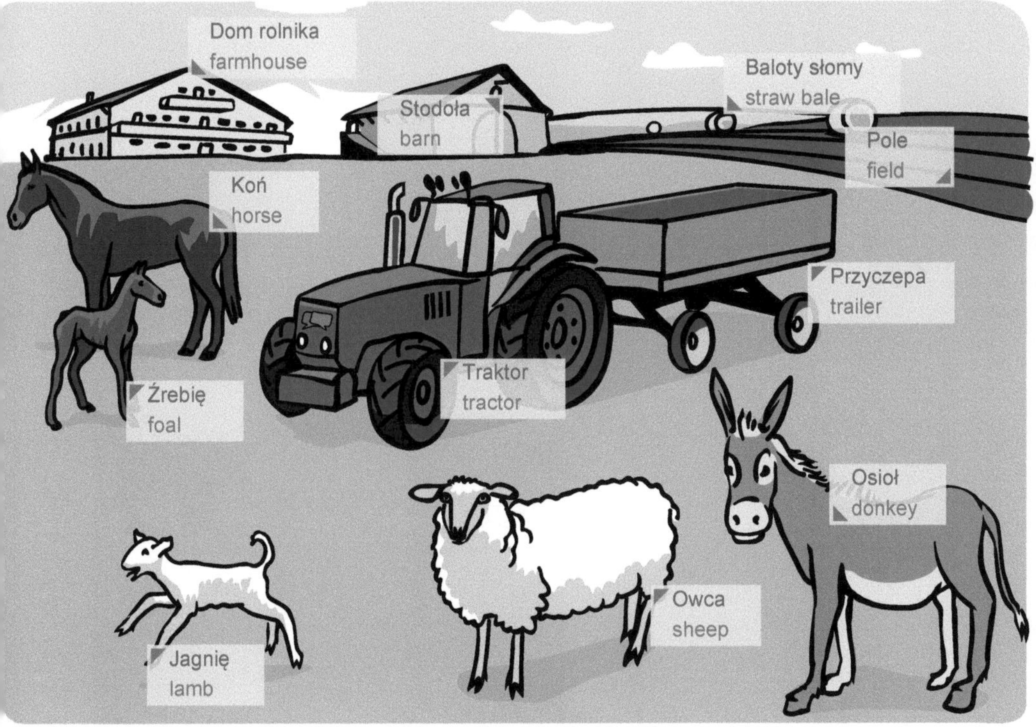

Dom rolnika
farmhouse
Stodoła
barn
Baloty słomy
straw bale
Pole
field
Koń
horse
Przyczepa
trailer
Traktor
tractor
Źrebię
foal
Osioł
donkey
Owca
sheep
Jagnię
lamb


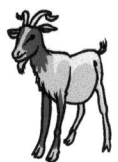

Koza

goat

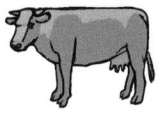

Krowa

cow

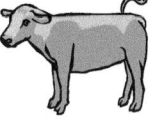

Cielę

calf

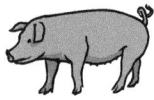

Świnia

pig

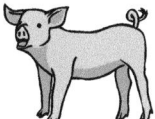

Prosię

piglet

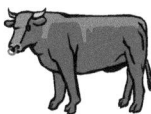

Byk

bull

**Gęś**

goose

**Kaczka**

duck

**Kurczątko**

chick

**Kura**

hen

**Kogut**

cock

**Szczur**

rat

**Kot**

cat

**Mysz**

mouse

**Osioł**

ox

**Pies**

dog

**Buda dla psa**

doghouse

**Wąż ogrodowy**

garden hose

**Konewka**

watering can

**Kosa**

scythe

**Pług**

plough

**Sierp**

sickle

**Graca**

hoe

**Widły**

pitchfork

**Siekiera**

axe

**Taczka**

wheelbarrow

**Koryto**

trough

**Kanka na mleko**

milk can

**Worek**

sack

**Płot**

fence

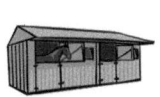

**Stajnia**

stable

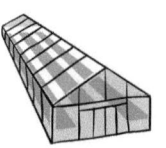

**Szklarnia**

greenhouse

**Ziemia**

soil

**Nasiona**

seed

**Nawóz**

fertilizer

**Kombajn zbożowy**

combine harvester

zbierać

harvest

Żniwa

harvest

Podchrzyn

yams

Pszenica

wheat

Soja

soy

Ziemniak

potato

Kukurydza

corn

Rzepak

rapeseed

Drzewo owocowe

fruit tree

Maniok

cassava

Zboże

cereals

# Dom
# house

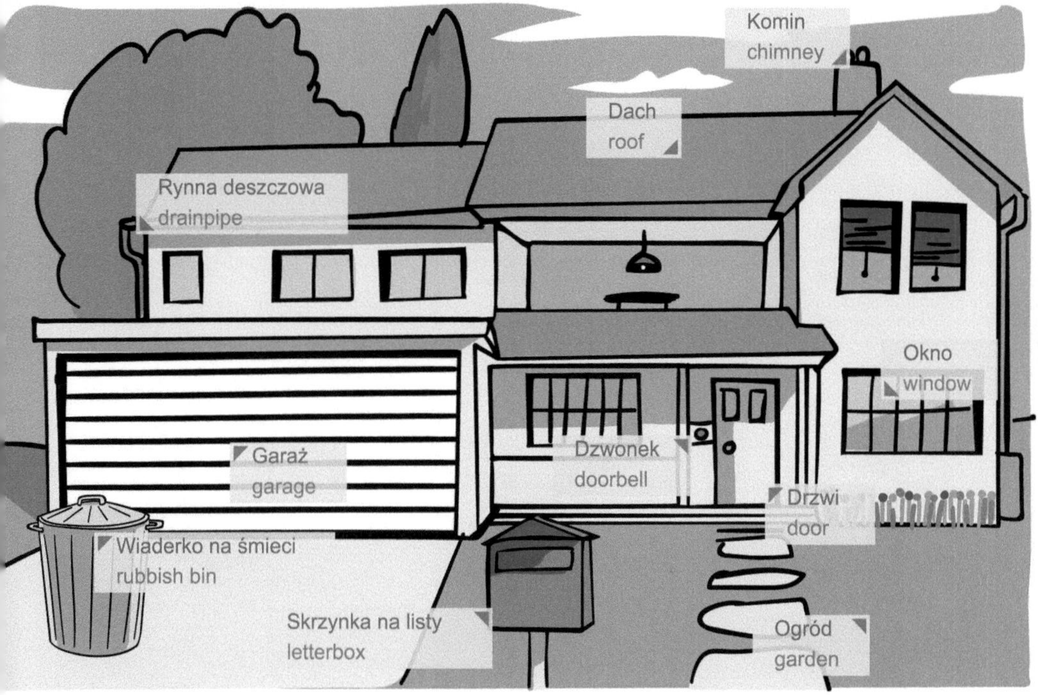
Komin
chimney
Dach
roof
Rynna deszczowa
drainpipe
Okno
window
Garaż
garage
Dzwonek
doorbell
Drzwi
door
Wiaderko na śmieci
rubbish bin
Skrzynka na listy
letterbox
Ogród
garden

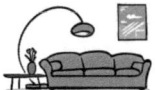

Pokój dzienny

living room

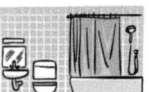

Łazienka

bathroom

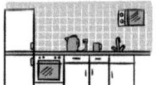

Kuchnia

kitchen

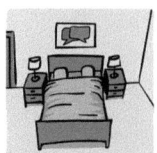

Sypialnia

bedroom

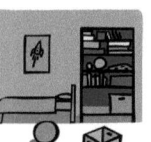

Pokój dziecięcy

child's room

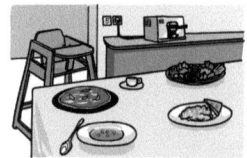

Jadalnia

dining room

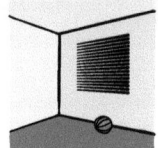

Ziemia

floor

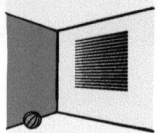

Ściana

wall

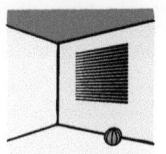

Koc

ceiling

Piwnica

cellar

Sauna

sauna

Balkon

balcony

Taras

terrace

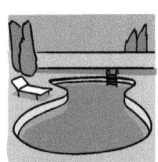

Basen

pool

Kosiarka do trawy

lawn mower

Poszwa

sheet

Kołdra

bedspread

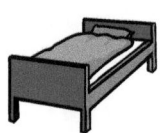

Łóżko

bed

Miotła

broom

Wiadro

bucket

Włącznik

switch

# Pokój dzienny
## living room

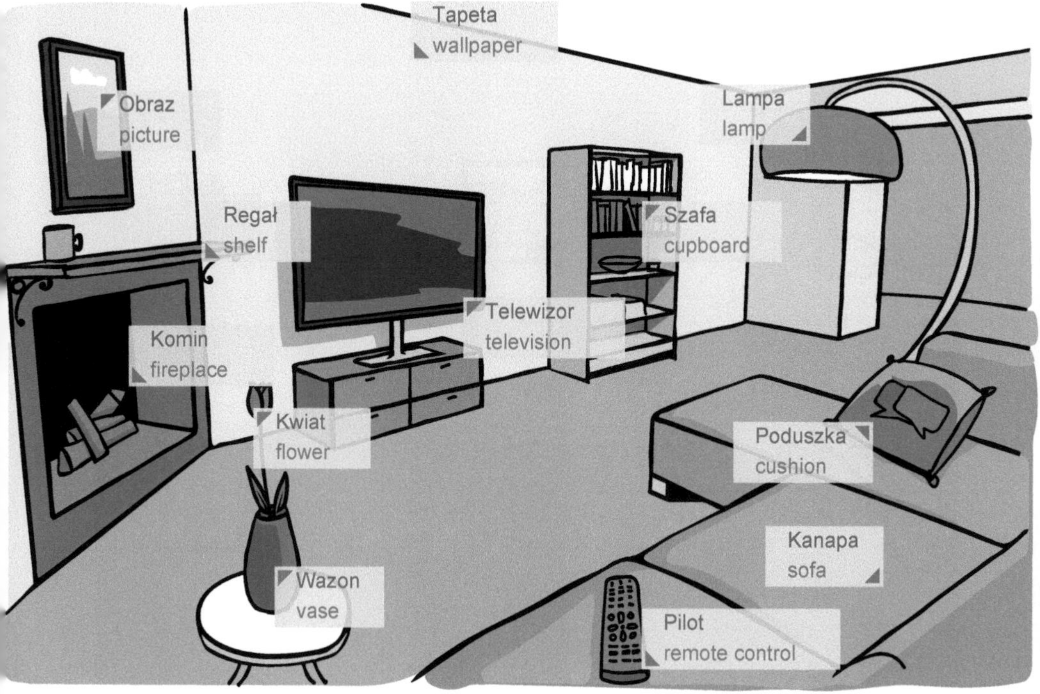
Tapeta
wallpaper
Obraz
picture
Lampa
lamp
Regał
shelf
Szafa
cupboard
Telewizor
television
Komin
fireplace
Kwiat
flower
Poduszka
cushion
Kanapa
sofa
Wazon
vase
Pilot
remote control

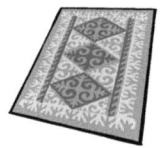

Dywan
carpet

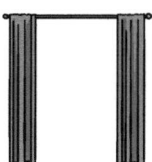

Zasłona
curtain

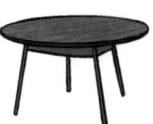

Stół
table

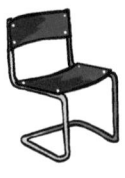

Krzesło
chair

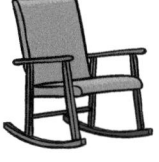

Bujak
rocking chair

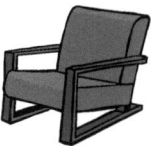

Fotel
armchair

**Książka**

book

**Sufit**

blanket

**Dekoracja**

decoration

**Drewno kominkowe**

firewood

**Film**

film

**Instalacja stereo**

hi-fi equipment

**Klucz**

key

**Gazeta**

newspaper

**Malunek**

painting

**Plakat**

poster

**Radio**

radio

**Notatnik**

notepad

**Odkurzacz**

hoover

**Kaktus**

cactus

**Świeczka**

candle

# Kuchnia
# kitchen

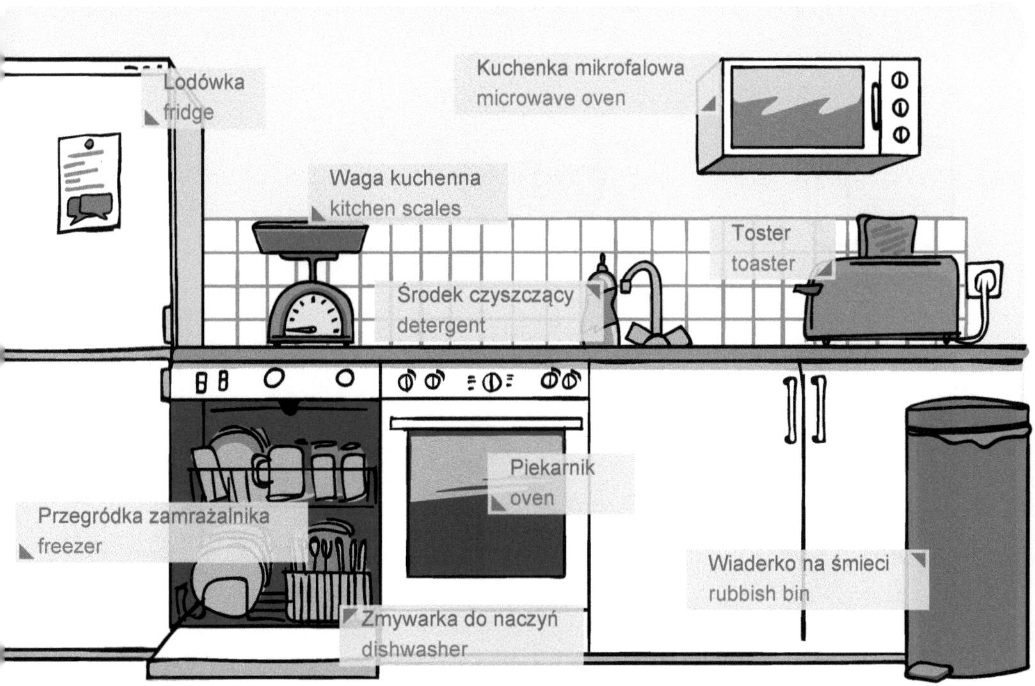
Lodówka
fridge
Kuchenka mikrofalowa
microwave oven
Waga kuchenna
kitchen scales
Toster
toaster
Środek czyszczący
detergent
Piekarnik
oven
Przegródka zamrażalnika
freezer
Wiaderko na śmieci
rubbish bin
Zmywarka do naczyń
dishwasher

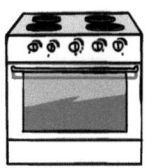

Kuchenka

cooker

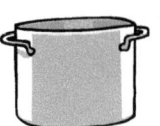

Garnek

pot

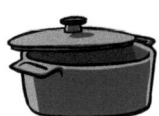

Kocioł żeliwny

cast-iron pot

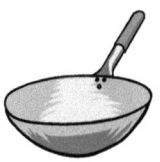

Wok / Kadai

wok / kadai

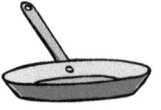

Patelnia

pan

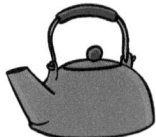

Czajnik

kettle

**Parowar**

steamer

**Blacha do pieczenia**

baking tray

**Naczynia kuchenne**

crockery

**Kubek**

mug

**Miska**

bowl

**Pałeczki**

chopsticks

**Nabierka**

ladle

**Łopatka do smażenia**

spatula

**Trzepaczka do śmietany**

whisk

**Cedzak**

strainer

**Sitko**

sieve

**Tarka**

grater

**Moździerz**

mortar

**Grillowanie**

barbecue

**Palenisko**

open fire

Deska

chopping board

Wałek do ciasta

rolling pin

Korkociąg

corkscrew

Puszka

can

Otwieracz do puszek

can opener

Ściereczka do trzymania garnka

pot holder

Umywalka

sink

Szczotka

brush

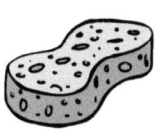

Gąbka

sponge

Mikser

blender

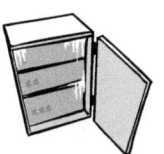

Zamrażarka

deep freezer

Butelka dla niemowlęcia

baby bottle

Kran

tap

# Łazienka

## bathroom

Prysznic
shower
Ogrzewanie
heating
Ręcznik
towel
Kotara prysznicowa
shower curtain
Płyn do kąpieli
bubble bath
Wanna kąpielowa
bathtub
Szklanka
glass
Pralka
washing machine
Kran
tap
Kafelki
tiles
Nocnik
potty
Umywalka
sink


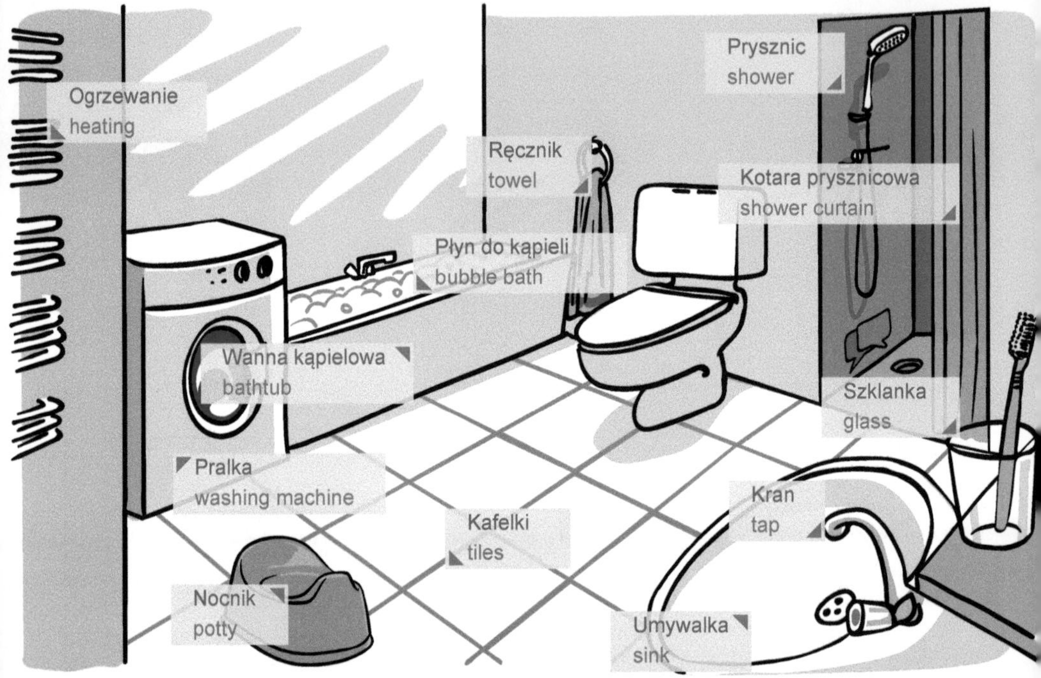

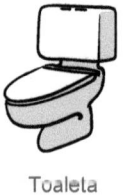

Toaleta

toilet

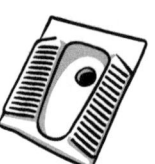

Toaleta kuczna

squat toilet

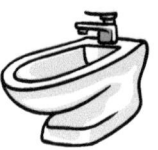

Bidet

bidet

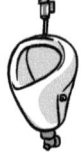

Pisuar

urinal

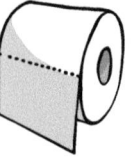

Papier toaletowy

toilet paper

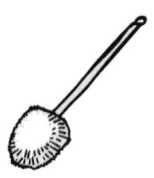

Szczotka toaletowa

toilet brush

Szczoteczka do zębów

toothbrush

Pasta do zębów

toothpaste

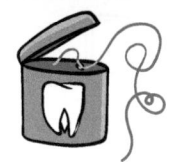

Nitki do czyszczenia zębów

dental floss

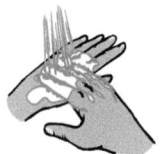

myć

wash

Głowica prysznicowa

handheld shower

Płyn kąpielowy do higieny intymnej

douche

Miska do mycia

basin

Szczotka kąpielowa

back brush

Mydło

soap

Żel prysznicowy

shower gel

Szampon

shampoo

Rękawica kąpielowa

flannel

Odpływ

drain

Krem

cream

Dezodorant

deodorant

| | | |
|---|---|---|
|  |  |  |
| **Lustro** | **Lustro kosmetyczne** | **Golarka** |
| mirror | hand mirror | razor |
|  |  |  |
| **Pianka do golenia** | **Woda po goleniu** | **Grzebień** |
| shaving foam | aftershave | comb |
|  |  | 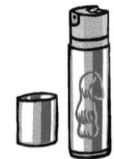 |
| **Szczotka** | **Suszarka do włosów** | **Spray do włosów** |
| brush | hair dryer | hairspray |
|  |  |  |
| **Makijaż** | **Pomadka** | **Lakier do paznokci** |
| makeup | lipstick | nail varnish |
|  |  |  |
| **Wata** | **Nożyczki do paznokci** | **Perfum** |
| cotton wool | nail scissors | perfume |

**Kosmetyczka**

washbag

**Taboret**

stool

**Waga**

weighing scale

**Szlafrok kąpielowy**

bathrobe

**Rękawice gumowe**

rubber gloves

**Tampon**

tampon

**Podpaska damska**

sanitary towel

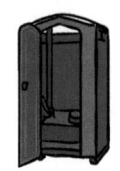

**Toaleta chemiczna**

chemical toilet

# Pokój dziecięcy
## child's room

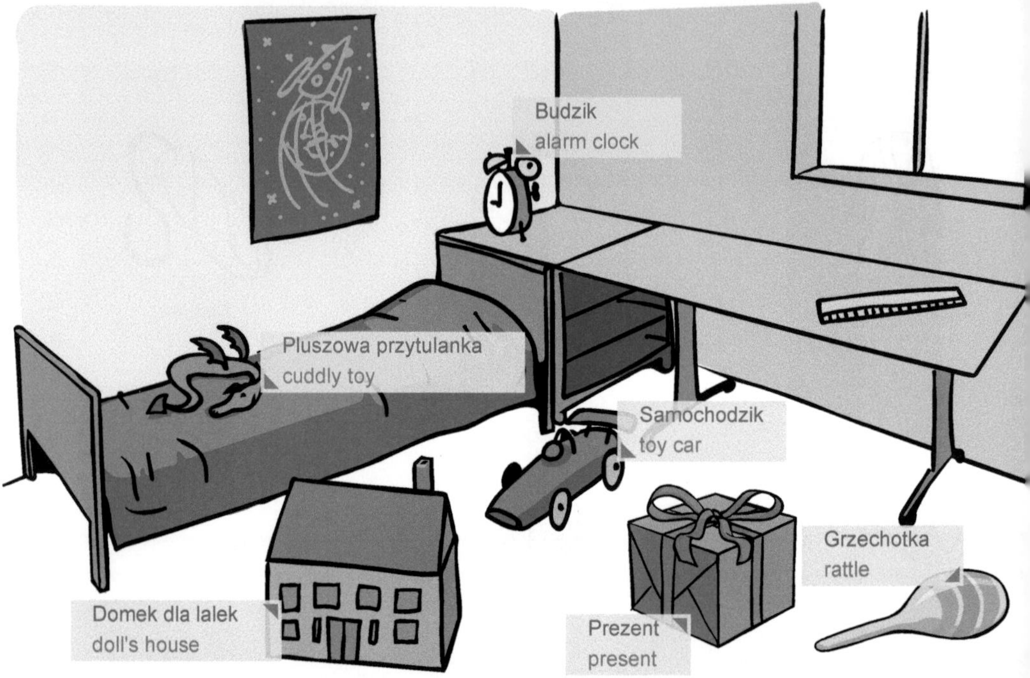
Budzik
alarm clock
Pluszowa przytulanka
cuddly toy
Samochodzik
toy car
Grzechotka
rattle
Domek dla lalek
doll's house
Prezent
present

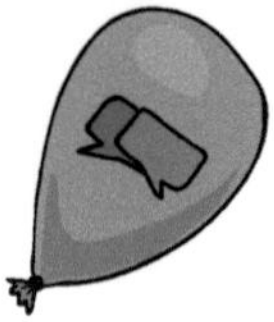

Balon

balloon

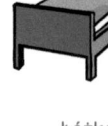

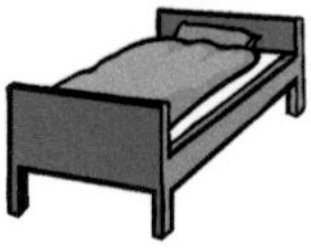

Łóżko

bed

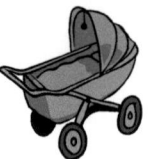

Wózek dziecięcy

pram

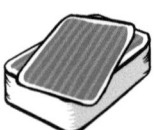

Gra w karty

deck of cards

Puzzle

jigsaw

SUPER
MEGA

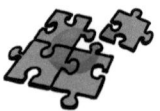

Komiks

comic

**Klocki lego**

lego bricks

**Klocki**

building blocks

**Action figura**

action figure

**Śpioszek dziecięcy**

babygrow

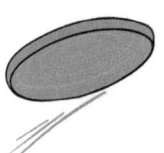

**Frisbee**

frisbee

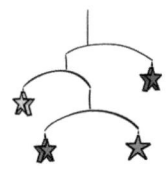

**Zabawki ruchome**

mobile

**Gra planszowa**

board game

**Kości**

dice

**Kolejka elektryczna**

model train set

**Smoczek**

dummy

**Przyjęcie**

party

**Książka z ilustracjami**

picture book

**Piłka**

ball

**Lalka**

doll

**bawić się**

play

**Piaskownica**

sandpit

**Huśtawka**

swing

**Zabawki**

toys

**Konsola do gier**

video game console

**Rowerek trójkołowy**

tricycle

**Pluszowy miś**

teddy bear

**Szafa ubraniowa**

wardrobe

# Ubiór

## clothing

**Skarpety**

socks

**Pończochy**

stockings

**Rajstopy**

tights

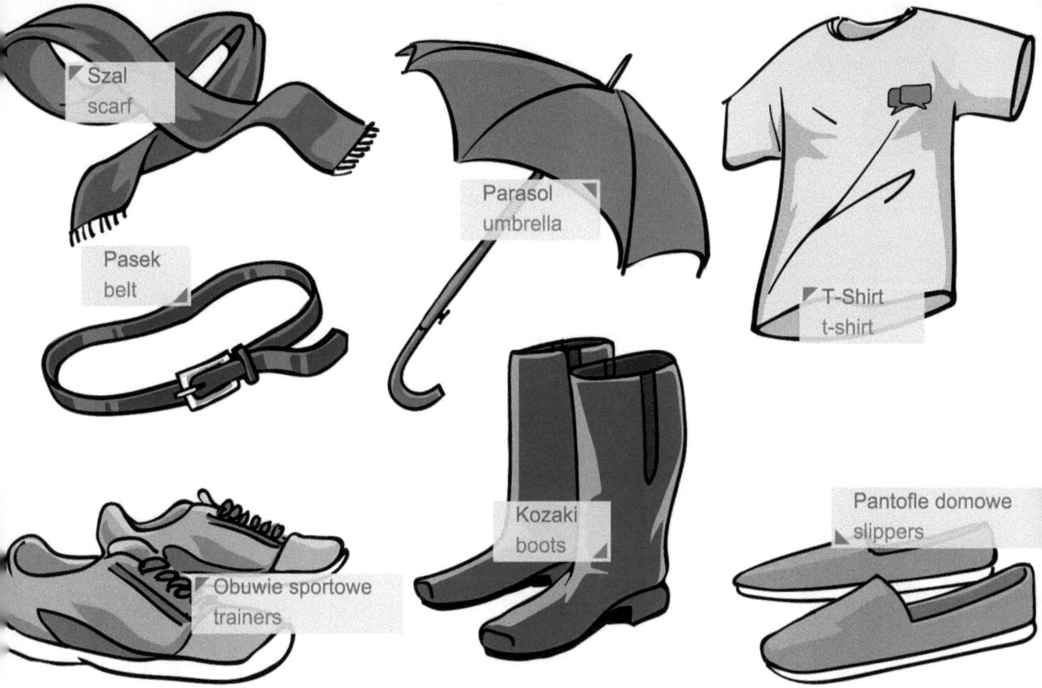

Szal
scarf

Parasol
umbrella

Pasek
belt

T-Shirt
t-shirt

Kozaki
boots

Pantofle domowe
slippers

Obuwie sportowe
trainers

Sandały
..............
sandals

Buty
..............
shoes

Kalosze
..............
rubber boots

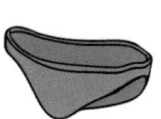

Majtki
..............
underpants

Biustonosz
..............
bra

Podkoszulek
..............
vest

Ubiór - clothing

**Body**

body

**Spodnie**

trousers

**Dżins**

jeans

**Spódnica**

skirt

**Bluzka**

blouse

**Koszula**

shirt

**Pulower**

pullover

**Bluza sportowa**

hoodie

**Marynarka**

blazer

**Kurtka**

jacket

**Płaszcz**

coat

**Płaszcz przeciwdeszczowy**

raincoat

**Kostium**

costume

**Sukienka**

dress

**Suknia ślubna**

wedding dress

Garnitur męski

suit

Koszula nocna

nightgown

Piżama

pyjamas

Sari

sari

Chusta na głowę

headscarf

Turban

turban

Burka

burqa

Kaftan

kaftan

Abaya

abaya

Strój kąpielowy

swimsuit

Kąpielówki

trunks

Krótkie spodnie

shorts

Dres sportowy

tracksuit

Fartuch

apron

Rękawiczki

gloves

**Guzik**

button

**Okulary**

glasses

**Bransoletka**

bracelet

**Łańcuszek**

necklace

**Pierścionek**

ring

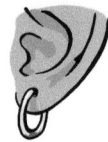

**Kolczyk**

earring

**Czapka**

cap

**Wieszak**

coat hanger

**Kapelusz**

hat

**Krawat**

tie

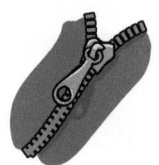

**Zamek błyskawiczny**

zip

**Kask**

helmet

**Szelki**

braces

**Mundurek szkolny**

school uniform

**Mundur**

uniform

**Śliniaczek**

bib

**Smoczek**

dummy

**Pieluszka**

nappy

# Biuro
# office

Serwer
server

Szafa na akta
filing cabinet

Drukarka
printer

Papier
paper

Monitor
monitor

Biurko
desk

Mysz
mouse

Segregator
folder

Klawiatura
keyboard

Kosz na odpadki
waste-paper basket

Krzesło
chair

Komputer
computer

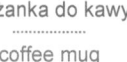
**Filiżanka do kawy**

coffee mug

**Kalkulator**

calculator

**Internet**

internet

**Laptop**

laptop

**List**

letter

**Wiadomość**

message

**Komórka**

mobile

**Sieć**

network

**Kopiarka**

photocopier

**Oprogramowanie**

software

**Telefon**

telephone

**Gniazdko**

plug socket

**Faks**

fax machine

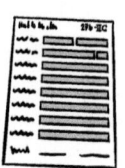

**Formularz**

form

**Dokument**

document

kupić
..................
buy

płacić
..................
pay

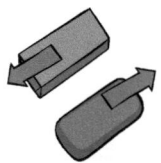

postępować
..................
trade

Pieniądze
..................
money

Dolar
..................
dollar

Euro
..................
euro

Jen
..................
yen

Rubel
..................
rouble

Frank
..................
Swiss franc

Juan Renminbi
..................
renminbi yuan

Rupia
..................
rupee

Bankomat
..................
cashpoint

Kantor wymiany walut

bureau de change

Złoto

gold

Srebro

silver

Olej

oil

Energia

energy

Cena

price

Umowa

contract

Podatek

tax

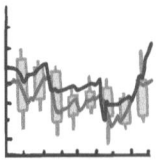

Akcja

stock

pracować

work

Pracownik umysłowy

employee

Pracodawca

employer

Fabryka

factory

Sklep

shop

# Zawody
# occupations

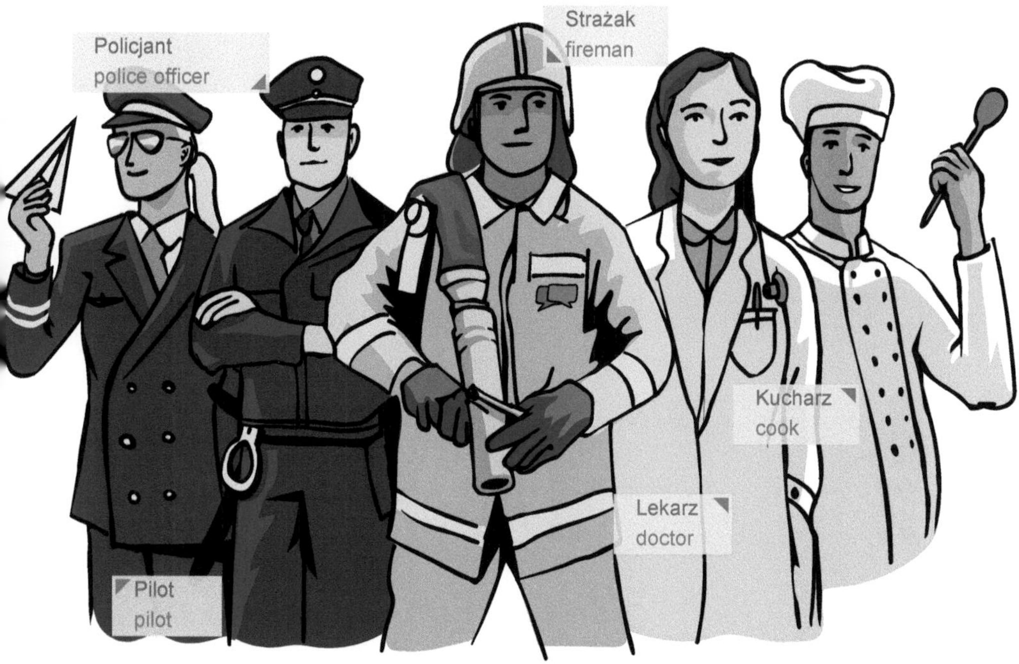
Policjant
police officer
Strażak
fireman
Kucharz
cook
Lekarz
doctor
Pilot
pilot

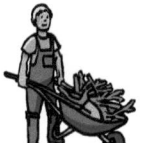

Ogrodnik

gardener

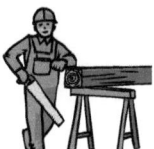

Stolarz

carpenter

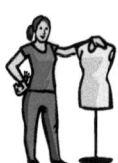

Krawcowa

seamstress

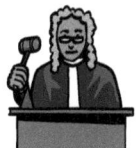

Sędzia

judge

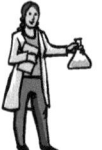

Chemik

chemist

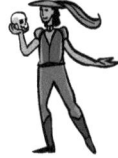

Aktor

actor

**Kierowca autobusu**

bus driver

**Taksówkarz**

taxi driver

**Fischer**

fisherman

**Sprzątaczka**

cleaning lady

**Dekarz**

roofer

**Kelner**

waiter

**Myśliwy**

hunter

**Malarz**

painter

**Piekarz**

baker

**Elektryk**

electrician

**Robotnik budowlany**

builder

**Inżynier**

engineer

**Rzeźnik**

butcher

**Instalator**

plumber

**Listonosz**

postman

**Żołnierz**

soldier

**Architekt**

architect

**Kasjer**

cashier

**Florysta**

florist

**Fryzjer**

hairdresser

**Konduktor**

conductor

**Mechanik**

mechanic

**Kapitan**

captain

**Dentysta**

dentist

**Naukowiec**

scientist

**Rabin**

rabbi

**Imam**

imam

**Mnich**

monk

**Proboszcz**

clergyman

# Narzędzia
# tools

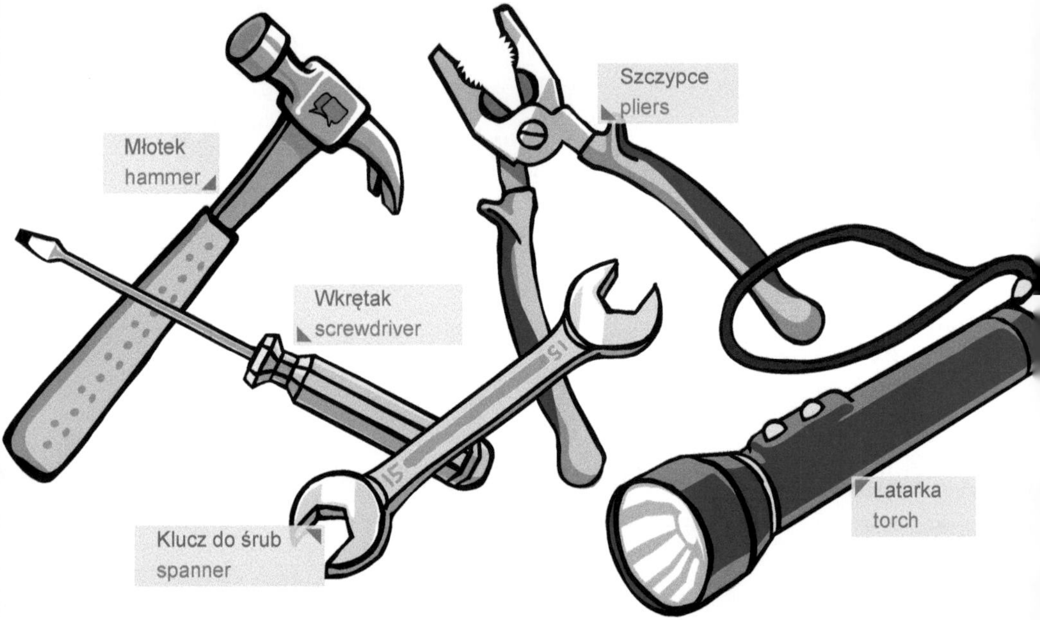
Młotek
hammer
Szczypce
pliers
Wkrętak
screwdriver
Klucz do śrub
spanner
Latarka
torch

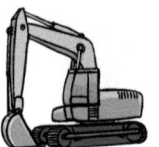

Koparka

digger

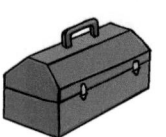

Skrzynka narzędziowa

toolbox

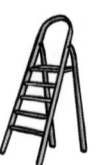

Drabina

ladder

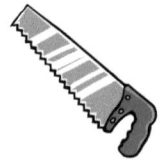

Piła

saw

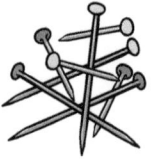

Gwoździe

nails

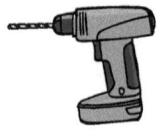

Wiertło

drill

naprawić
..............
repair

Łopatka
..............
shovel

Cholera!
..............
Damn!

Szufelka
..............
dustpan

Puszka z farbą
..............
paint pot

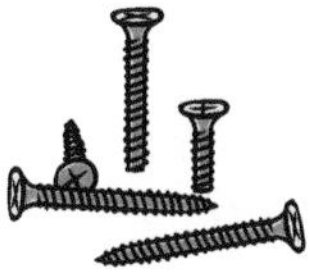

Śruby
..............
screws

## Instrumenty muzyczne
## musical instruments

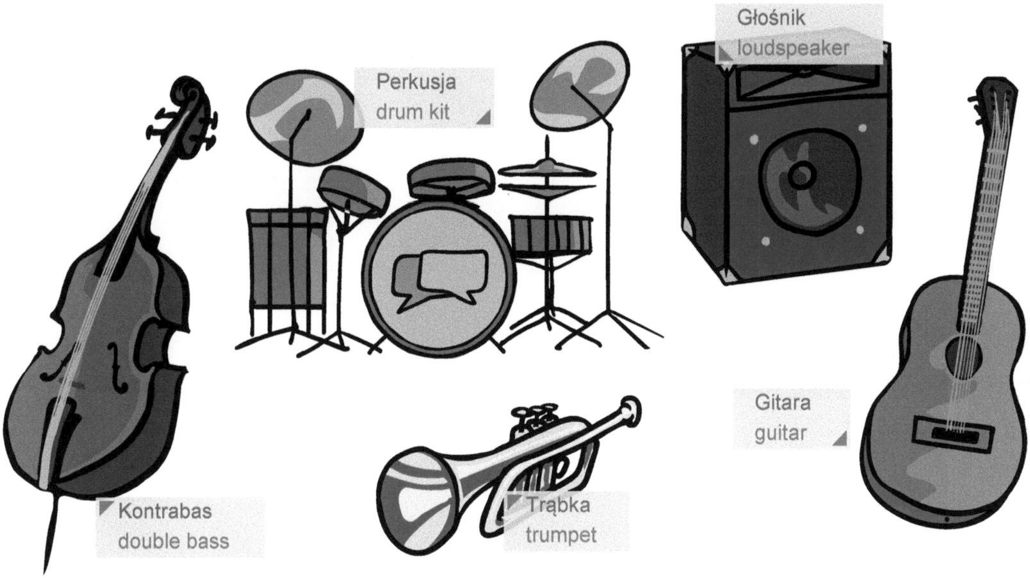

Perkusja
drum kit

Głośnik
loudspeaker

Kontrabas
double bass

Trąbka
trumpet

Gitara
guitar

**Pianino**

piano

**Skrzypce**

violin

**Bas**

bass

**Kotły**

timpani

**Bęben**

drums

**Keyboard**

keyboard

**Saksofon**

saxophone

**Flet**

flute

**Mikrofon**

microphone

# Zoo

## zoo

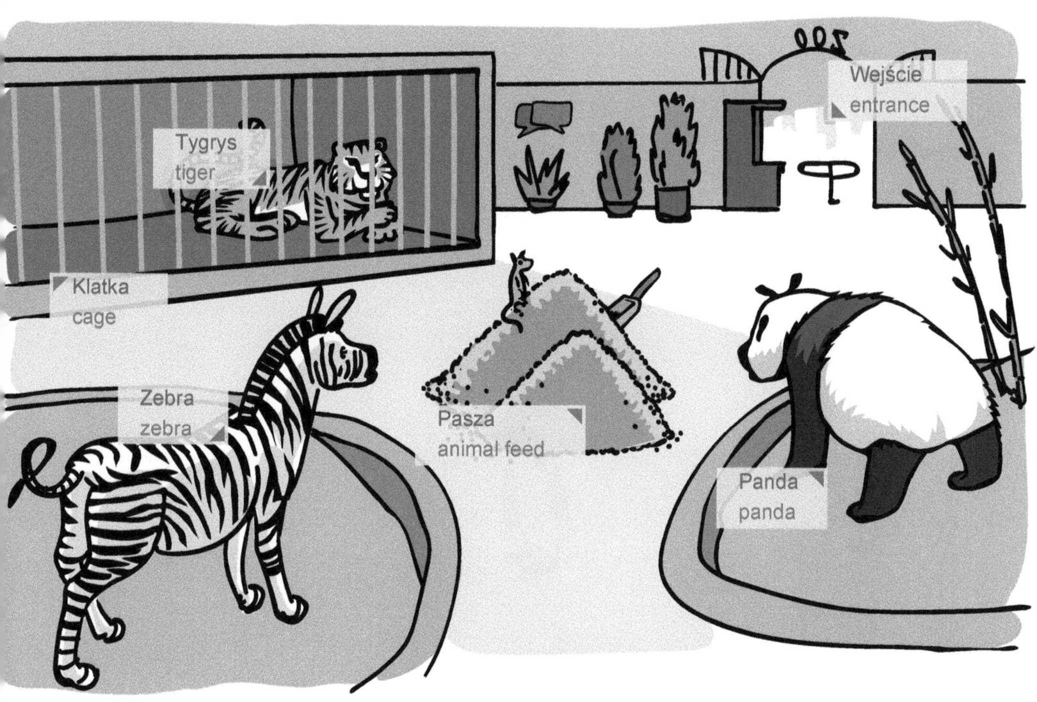

Tygrys
tiger
Wejście
entrance
Klatka
cage
Zebra
zebra
Pasza
animal feed
Panda
panda


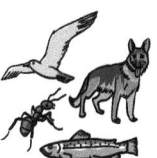

Zwierzęta

animals

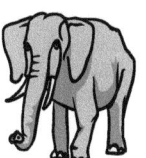

Słoń

elephant

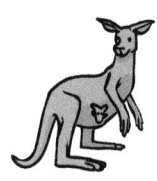

Kangur

kangaroo

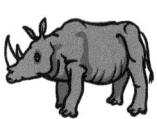

Nosorożec

rhino

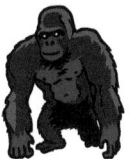

Goryl

gorilla

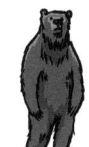

Niedźwiedź

bear

Wielbłąd

camel

Struś

ostrich

Lew

lion

Małpa

monkey

Fleming

flamingo

Papuga

parrot

Niedźwiedź polarny

polar bear

Pingwin

penguin

Rekin

shark

Paw

peacock

Wąż

snake

Krokodyl

crocodile

Dozorca w zoo

zookeeper

Foka

seal

Jaguar

jaguar

Kucyk

pony

Gepard

leopard

Hipopotam

hippo

Żyrafa

giraffe

Orzeł

eagle

Dzik

boar

Ryba

fish

Żółw

turtle

Mors

walrus

Lis

fox

Gazela

gazelle

Futbol amerykański
American football

Kolarstwo
cycling

Tenis
tennis

Koszykówka
basketball

Pływanie
swimming

Boks
boxing

Hokej na lodzie
ice hockey

Piłka nożna
football

Badminton
badminton

Lekka atletyka
athletics

Piłka ręczna
handball

Narciarstwo
skiing

Polo
polo

# Działania
# activities

skakać
jump
śmiać się
laugh
objąć
hug
iść
walk
śpiewać
sing
marzyć
dream
modlić się
pray
całować
kiss


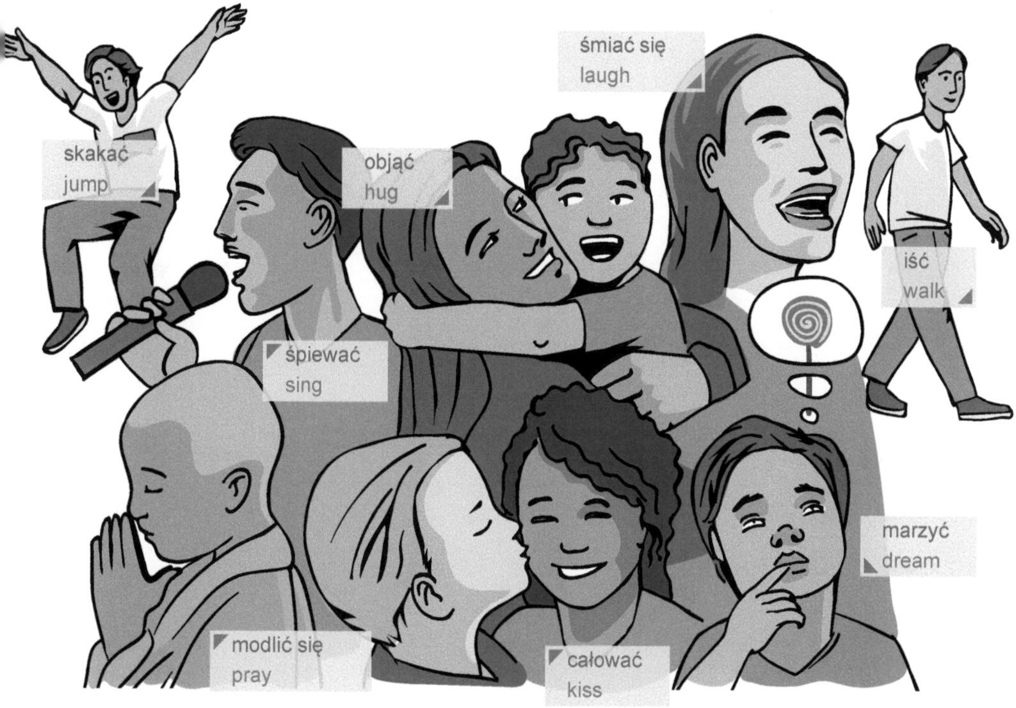

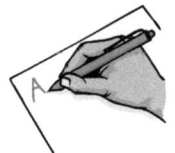

pisać
write

rysować
draw

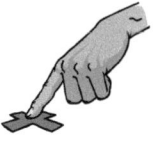

pokazywać
show

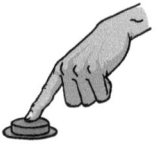

nacisnąć
push

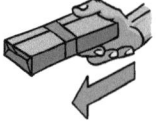

dać
give

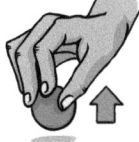

wziąć
take

mieć

have

robić

do

być

be

stać

stand

biegać

run

ciągnąć

pull

rzucać

throw

spaść

fall

leżeć

lie

czekać

wait

nosić

carry

siedzieć

sit

zakładać

get dressed

spać

sleep

budzić się

wake up

spojrzeć

look at

płakać

cry

głaskać

stroke

czesać się

comb

mówić

talk

rozumieć

understand

pytać

ask

słyszeć

listen

pić

drink

jeść

eat

sprzątać

tidy up

kochać

love

gotować

cook

jechać

drive

latać

fly

żeglować

sail

liczyć

calculate

czytać

read

uczyć się

learn

pracować

work

wejść w związek małżeński

marry

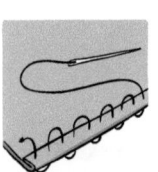

szyć

sew

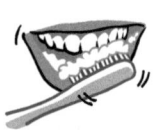

myć zęby

brush teeth

zabić

kill

palić tytoń

smoke

wysłać

send

# Rodzina
# family

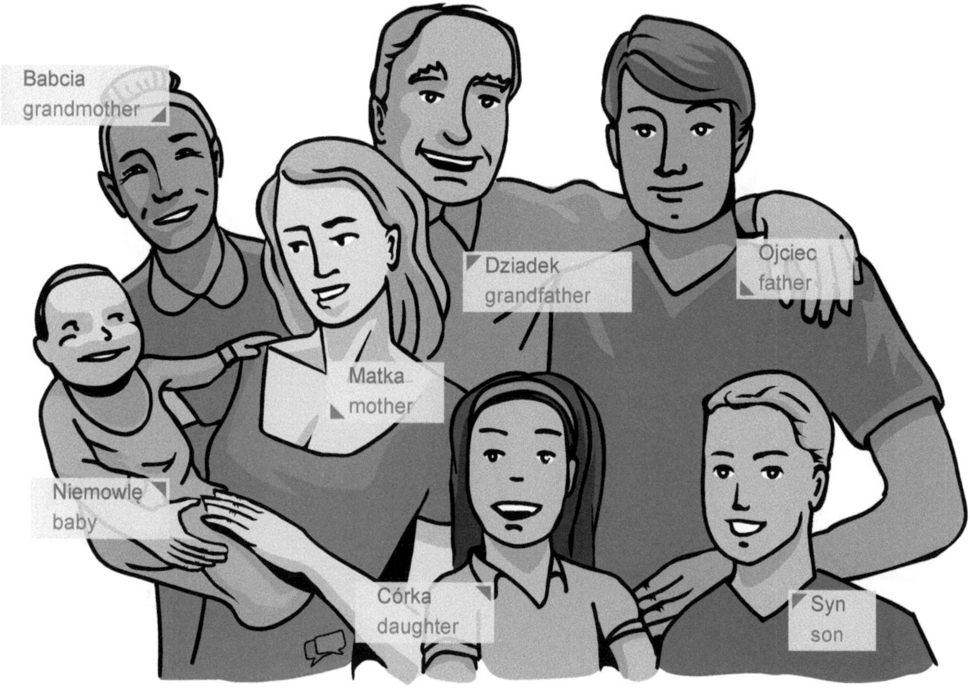

Babcia
grandmother
Dziadek
grandfather
Ojciec
father
Matka
mother
Niemowlę
baby
Córka
daughter
Syn
son


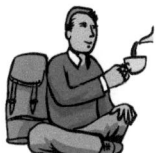

Gość

guest

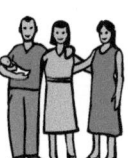

Ciotka

aunt

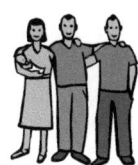

Wujek

uncle

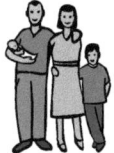

Brat

brother

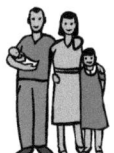

Siostra

sister

# Ciało

## body

Czoło
forehead
Oko
eye
Ramię
shoulder
Palec
finger
Twarz
face
Broda
chin
Ręka
hand
Noga
leg
Pierś
breast
Ramię
arm


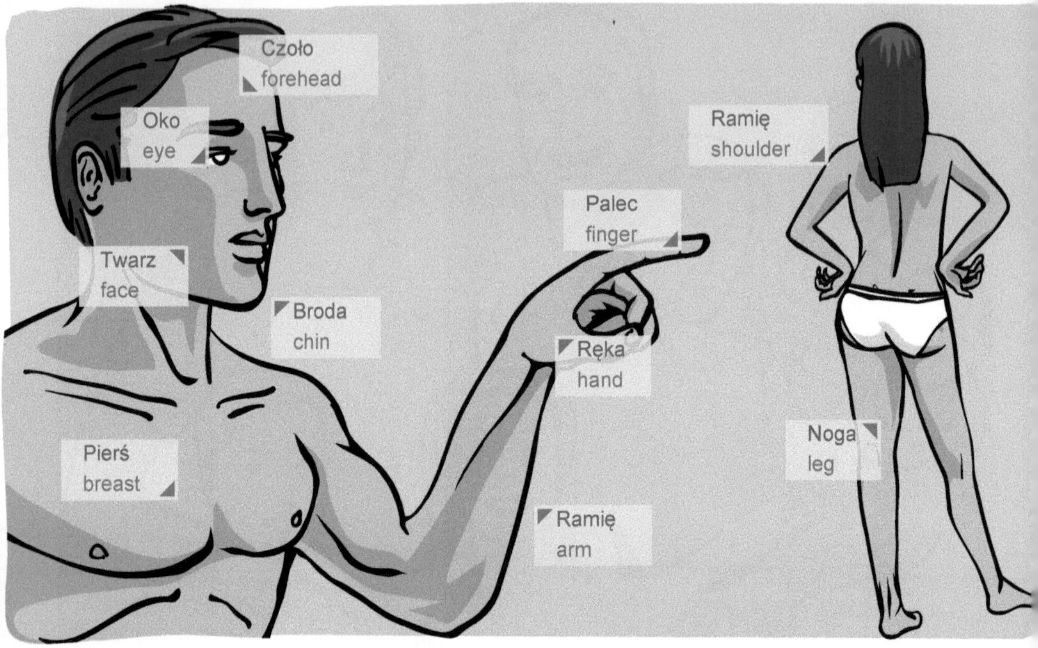

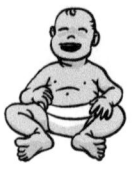

Niemowlę

baby

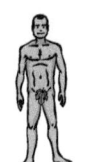

Mężczyzna

man

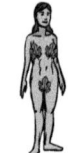

Kobieta

woman

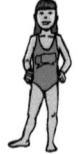

Dziewczyna

girl

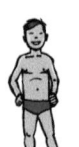

Chłopiec

boy

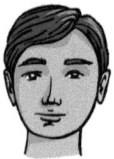

Głowa

head

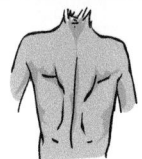

**Plecy**

back

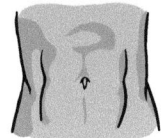

**Brzuch**

belly

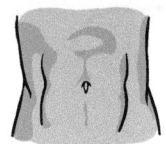

**Pępek**

belly button

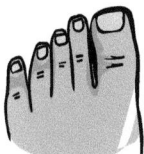

**palec nogi**

toe

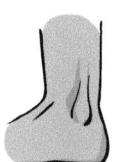

**Pięta**

heel

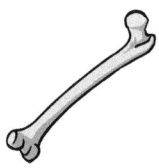

**Kość**

bone

**Biodro**

hip

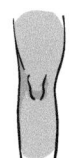

**Kolano**

knee

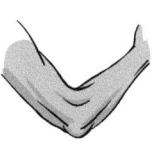

**Łokieć**

elbow

**Nos**

nose

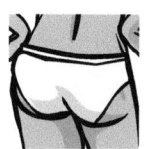

**Pośladki**

bottom

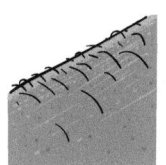

**Skóra**

skin

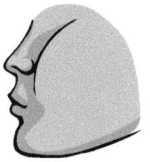

**Policzek**

cheek

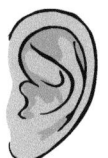

**Uszy**

ear

**Warga**

lip

Ciało - body

**Usta**

mouth

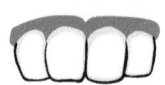

**Ząb**

tooth

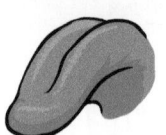

**Język**

tongue

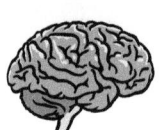

**Mózg**

brain

**Serce**

heart

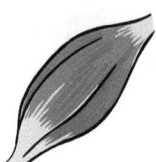

**Mięsień**

muscle

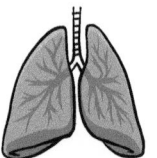

**Płuca**

lung

**Wątroba**

liver

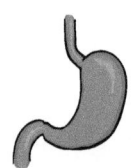

**Żołądek**

stomach

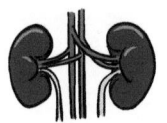

**Nerki**

kidneys

**Stosunek płciowy**

sex

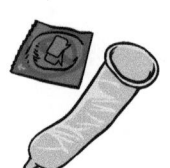

**Kondom**

condom

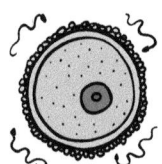

**Komórka jajowa**

ovum

**Sperma**

semen

**Ciąża**

pregnancy

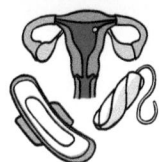

**Menstruacja**

menstruation

**Wagina**

vagina

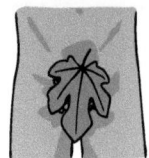

**Penis**

penis

**Brew**

eyebrow

**Włosy**

hair

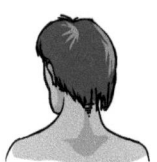

**Szyja**

neck

# Szpital
# hospital

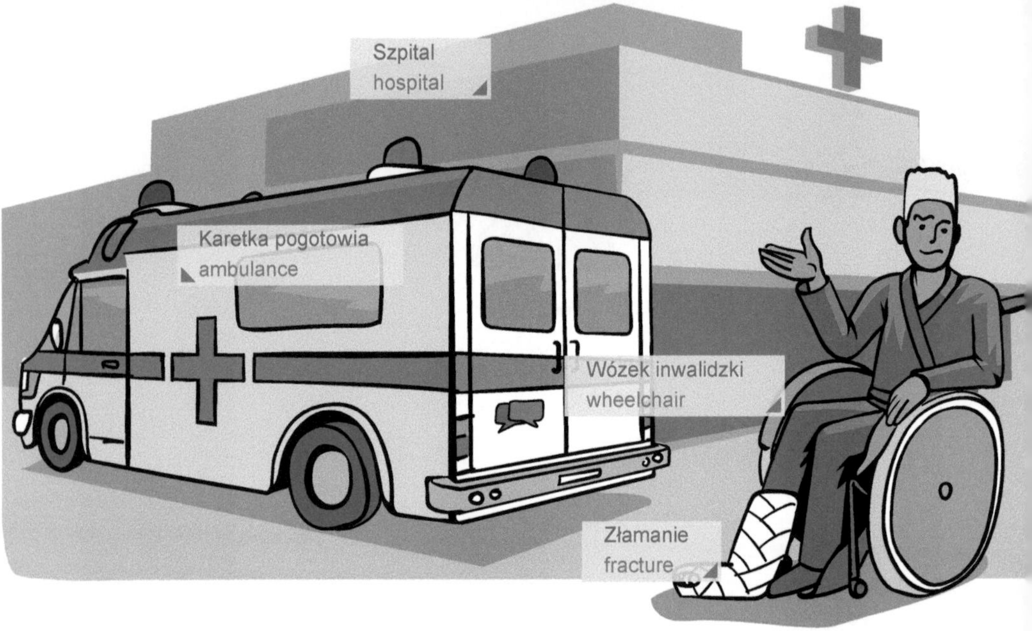

Szpital
hospital
Karetka pogotowia
ambulance
Wózek inwalidzki
wheelchair
Złamanie
fracture

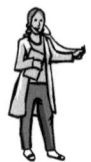

Lekarz

doctor

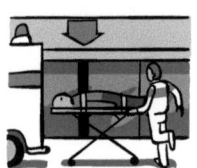

Izba przyjęć

emergency room

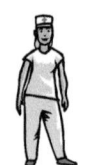

Pielęgniarka

nurse

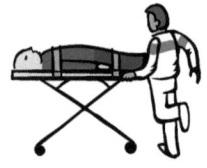

Nagły przypadek

emergency

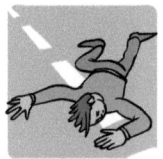

nieprzytomny

unconscious

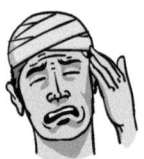

Ból

pain

**Skaleczenie**

injury

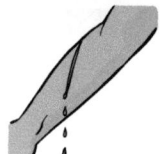

**Krwawienie**

bleeding

**Zawał serca**

heart attack

**Udar mózgu**

stroke

**Alergia**

allergy

**Kaszleć**

cough

**Gorączka**

fever

**Grypa**

flu

**Biegunka**

diarrhoea

**Ból głowy**

headache

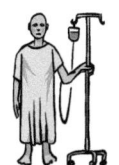

**Rak**

cancer

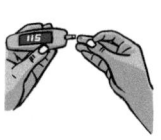

**Cukrzyca**

diabetes

**Chirurg**

surgeon

**Skalpel**

scalpel

**Operacja**

operation

CT
CT

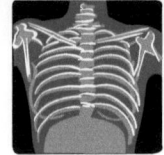

Rentgen
x-ray

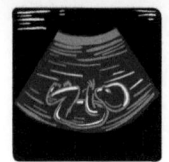

Ultradźwięki
ultrasound

Maska
face mask

Choroba
disease

Poczekalnia
waiting room

Kula
crutch

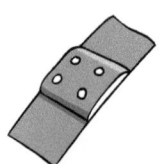

Plaster
plaster

Opatrunek
bandage

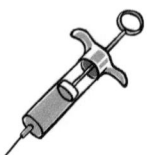

Iniekcja
injection

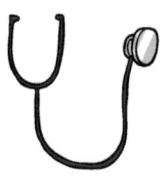

Stetoskop
stethoscope

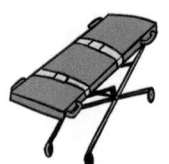

Nosze
stretcher

Termometr
clinical thermometer

Poród
birth

Nadwaga
overweight

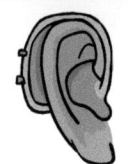

**Aparat słuchowy**

hearing aid

**Środek dezynfekcyjny**

disinfectant

**Infekcja**

infection

**Wirus**

virus

**HIV / AIDS**

HIV / AIDS

**Medycyna**

medicine

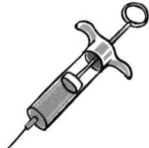

**Szczepienie**

vaccination

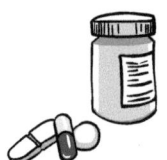

**Tabletki**

tablets

**Pigułka**

pill

**Telefon ratunkowy**

emergency call

**Ciśnieniomierz krwi**

blood pressure monitor

**chory / zdrowy**

ill / healthy

Pomocy!

Help!

Alarm

alarm

Napad

assault

Atak

attack

Niebezpieczeństwo

danger

Wyjście awaryjne

emergency exit

Pożar!

Fire!

Gaśnica

fire extinguisher

Wypadek

accident

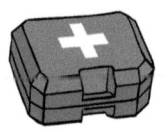

Walizeczka pierwszej pomocy

first-aid kit

SOS

SOS

Policja

police

Europa

Europe

Ameryka Północna

North America

Ameryka Południowa

South America

Afryka

Africa

Azja

Asia

Australia

Australia

Atlantyk

Atlantic

Pacyfik

Pacific

Ocean Indyjski

Indian Ocean

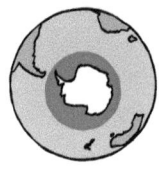

Ocean Antarktyczny

Antarctic Ocean

Ocean Arktyczny

Arctic Ocean

Biegun północny

North Pole

Biegun południowy

South Pole

Antarktyda

Antarctica

Ziemia

Earth

Kraj

land

Morze

sea

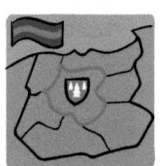

Wyspa

island

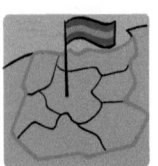

Naród

nation

Państwo

state

Cyferblat

clock face

Wskazówka godzinowa

hour hand

Wskazówka minutowa

minute hand

Wskazówka sekundowa

second hand

Która godzina?

What time is it?

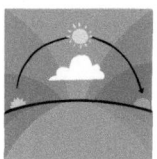

Dzień

day

Czas

time

teraz

now

Zegarek digitalny

digital watch

Minuta

minute

Godzina

hour

# Tydzień
## week

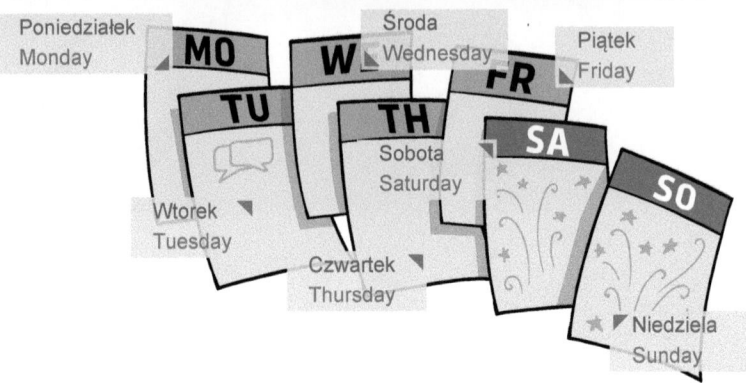

Poniedziałek
Monday

Środa
Wednesday

Piątek
Friday

Wtorek
Tuesday

Sobota
Saturday

Czwartek
Thursday

Niedziela
Sunday

wczoraj

yesterday

dzisiaj

today

jutro

tomorrow

Rano

morning

Południe

noon

Wieczór

evening

Dni robocze

business days

Weekend

weekend

# Rok
## year

Deszcz
rain
Tęcza
rainbow
Wiatr
wind
Śnieg
snow
Wiosna
spring
Jesień
autumn
Lato
summer
Zima
winter


4.APRIL 11°
5.APRIL 4°
6.APRIL 13°
7.APRIL 8°
8.APRIL 10°


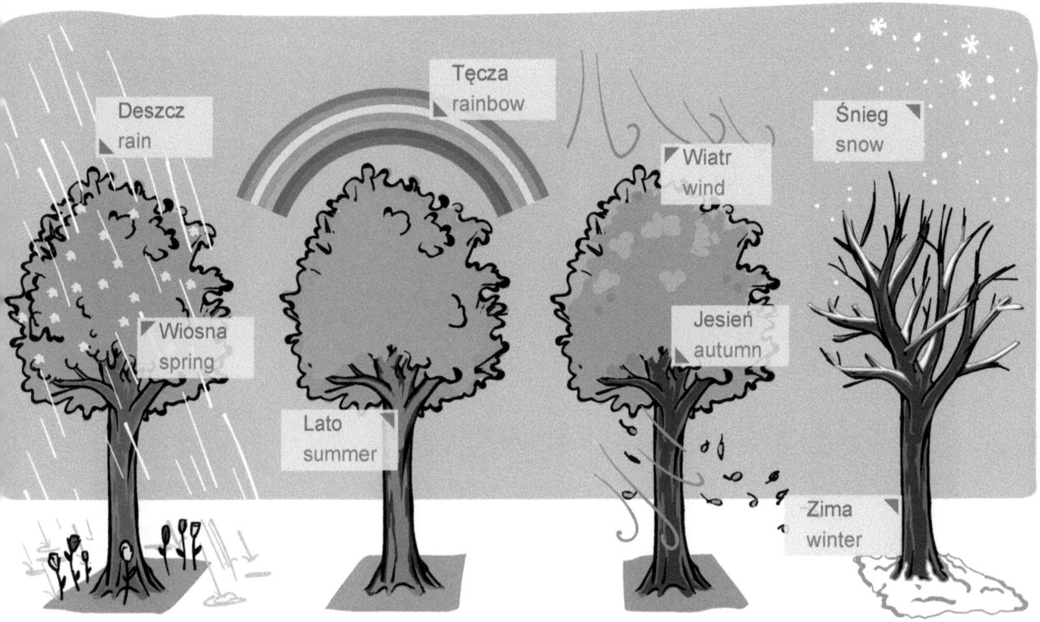

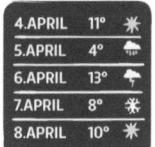

Prognoza pogody

weather forecast

F C
120 40
90 30
60 20
30 10
0 0
-30 -10
-20


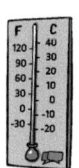

Termometr

thermometer

Światło słoneczne

sunshine

Chmura

cloud

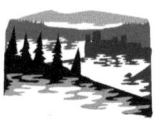

Mgła

fog

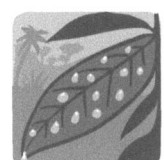

Wilgotność powietrza

humidity

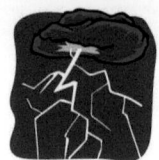

**Błyskawica**

lightning

**Grzmot**

thunder

**Sztorm**

storm

**Grad**

hail

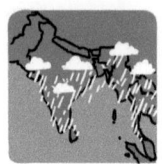

**Monsun**

monsoon

**Potop**

flood

**Lód**

ice

**Styczeń**

January

**Luty**

February

**Marzec**

March

**Kwiecień**

April

**Maj**

May

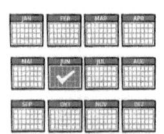

**Czerwiec**

June

**Lipiec**

July

**Sierpień**

August

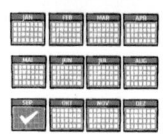

Wrzesień

September

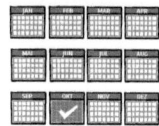

Październik

October

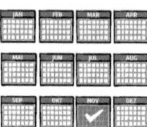

Listopad

November

Grudzień

December

# Kształty

## shapes

Koło

circle

Kwadrat

square

Prostokąt

rectangle

Trójkąt

triangle

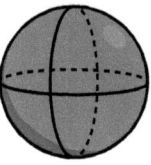

Kula

sphere

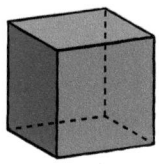

Sześcian

cube

# Kolory
## colours

biały
................
white

żółty
................
yellow

pomarańczowy
................
orange

różowy
................
pink

czerwony
................
red

liliowy
................
purple

niebieski
................
blue

zielony
................
green

brązowy
................
brown

szary
................
grey

czarny
................
black

dużo / mało

a lot / a little

wściekły / spokojny

angry / calm

piękny / brzydki

beautiful / ugly

początek / koniec

beginning / end

duży / mały

big / small

jasny / ciemny

bright / dark

brat / siostra

brother / sister

czysty / brudny

clean / dirty

kompletny / niekompletny

complete / incomplete

dzień / noc

day / night

umarły / żywy

dead / alive

szeroki / wąski

wide / narrow

**jadalny / niejadalny**

edible / inedible

**zły / uprzejmy**

evil / kind

**podniecony / znudzony**

excited / bored

**gruby / chudy**

fat / thin

**najpierw / na końcu**

first / last

**przyjaciel / wróg**

friend / enemy

**pełen / pusty**

full / empty

**twardy / miękki**

hard / soft

**ciężki / lekki**

heavy / light

**głód / pragnienie**

hunger / thirst

**chory / zdrowy**

ill / healthy

**nielegalny / legalny**

illegal / legal

**inteligentny / głupi**

intelligent / stupid

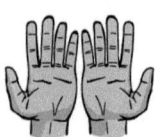

**lewo / prawo**

left / right

**bliski / daleki**

near / far

**nowy / używany**

new / used

**nic / coś**

nothing / something

**stary / młody**

old / young

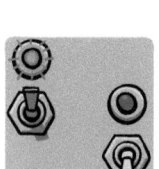

**włącz / wyłącz**

on / off

**otwarty / zamknięty**

open / closed

**cichy / głośny**

quiet / loud

**bogaty / biedny**

rich / poor

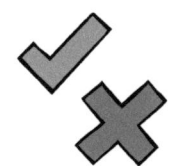

**prawidłowy / błędny**

right / wrong

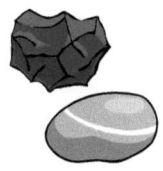

**chropowaty / gładki**

rough / smooth

**smutny / szczęśliwy**

sad / happy

**krótki / długi**

short / long

**powolny / szybki**

slow / fast

**mokry/suchy**

wet / dry

**ciepły / chłodny**

warm / cool

**wojna / pokój**

war / peace

| **0** | **1** | **2** |
|:---:|:---:|:---:|
| zero | jeden | dwa |
| zero | one | two |

| **3** | **4** | **5** |
|:---:|:---:|:---:|
| trzy | cztery | pięć |
| three | four | five |

| **6** | **7** | **8** |
|:---:|:---:|:---:|
| sześć | siedem | osiem |
| six | seven | eight |

| **9** | **10** | **11** |
|:---:|:---:|:---:|
| dziewięć | dziesięć | jedenaście |
| nine | ten | eleven |

**12**

dwanaście

twelve

**13**

trzynaście

thirteen

**14**

czternaście

fourteen

**15**

piętnaście

fifteen

**16**

szesnaście

sixteen

**17**

siedemnaście

seventeen

**18**

osiemnaście

eighteen

**19**

dziewiętnaście

nineteen

**20**

dwadzieścia

twenty

**100**

sto

hundred

**1.000**

tysiąc

thousand

**1.000.000**

milion

million

Angielski

English

Angielski amerykański

American English

Chiński mandaryński

Chinese Mandarin

Hindi

Hindi

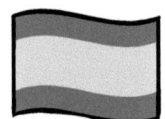

Hiszpański

Spanish

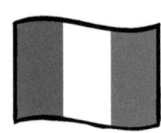

Francuski

French

Arabski

Arabic

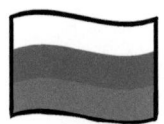

Rosyjski

Russian

Portugalski

Portuguese

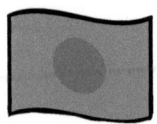

Bengalski

Bengali

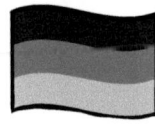

Niemiecki

German

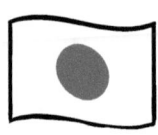

Japoński

Japanese

ja

I

ty

you

on / ona / ono

he / she / it

my

we

wy

you

oni

they

kto?

who?

co?

what?

jak?

how?

gdzie?

where?

kiedy?

when?

Nazwisko

name

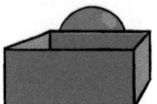

za
.................
behind

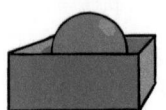

w
.................
in

przed
.................
in front of

powyżej
.................
over

na
.................
on

pod
.................
under

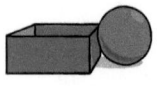

obok
.................
beside

między
.................
between

Miejsce
.................
place